COMPTABILITÉ

ANALYTIQUES

Exercices corrigés

Contenu

Exercice 1 4

Corrigé 1 4

Exercice 2 5

Corrigé 2 6

Exercice 3 7

Corrigé 3 8

Exercice 4 9

Corrigé 4 10

Exercice 5 11

Corrigé 5 13

Exercice 6 17

Corrigé 6 19

Exercice 7 24

Corrigé 7 26

Exercice 8 29

Corrigé 8 30

Exercice 9 31

Corrigé 9 32

Exercice 10 33

Corrigé 10 34

Exercice 11 35

Corrigé 11 36

Exercice 12 37

Corrigé 12 37

Exercice 13 38

Corrigé 13 39

Exercice 1

Au titre de l'année N, les données de l'entreprise ALP au capital de 1000000 dh sont les suivantes :
- le total des charges de la comptabilité générale est : 6750000 dh.
- la rémunération du travail de l'exploitant : 30500 dh.
- le taux de rémunération des capitaux propres est estimé à 12%.
- les charges non courantes : 140000 dh.
- les charges d'exploitation non incorporables : 26500 dh.

Travail à faire : Déterminez le montant des charges de la comptabilité analytique.

Corrigé 1

Charges de la comptabilité analytique= Charges de la comptabilité générale
                              - Charges non incorporables
                    + Charges supplétives

Charges non incorporables = charges non courantes (140000)
                         +   charges   d'exploitations   non
incorporables (26500)
            =166500

Charges supplétives   = rémunération du travail de l'exploitant (30500)
            = rémunération des capitaux propres (1000000*12%=120000)
            = 150500

Charges de la comptabilité analytique=6750000-166500+150500 = 6734000

Exercice 2

Le tableau de répartition des charges indirectes de l'entreprise ABC au titre du moi d'avril N se présente ainsi :

Charges indirectes	Montant	Centres auxiliaires		Centres principaux		
		Entretien	Transport	Atelier 1	Atelier 2	Distribution
Totaux de la répartition 1ère	?	25000	?	1497500	993400	1993100
Répartition secondaire. Entretien Transport		? 6,25%	20% ?	25% 8,75%	40% 12%	15% 73%
Totaux de la répartition 2ère Nature de l'U.O. Nombre d'U.O Coût de l'U.O.		?	?	? Kg produit 4000 ?	? Kg produit 3500 ?	? Produit vendu 8000 ?

Informations complémentaires : Les charges par nature de la comptabilité générale du mois d'avril N : 4984000 dh. Avec :
- Les charges non incorporables : 250000 dh
- Les capitaux propres : 23880000 dh, qui doivent être rémunérés au taux de 10% l'an.

Travail à faire : Compléter le tableau de répartition des charges indirectes, et ce en tenant compte des informations complémentaires.

Corrigé 2

Charges indirectes	Montant	Centres auxiliaires		Centres principaux		
		Entretien	Transport	Atelier 1	Atelier 2	Distribution
Totaux de la répartition 1ère	4 983 000	25000	474 000	1497500	993400	1993100
Répartition secondaire. Entretien Transport		-55316 30316	11063 -485063	13829 42443	22127 58208	8297 354096
Totaux de la répartition 2ère		0	0	1 553 772	1 073 734	2 355 494
Nature de l'U.O. Nombre d'U.O Coût de l'U.O.				Kg produit 4000 388,44	Kg produit 3500 306,78	Produit vendu 8000 294,44

Le total des charges de la comptabilité analytique
- Le total des charges de la comptabilité analytique est :
  4984000-250000+(23880000*10%*(1/12))= 4983000
- Les charges de transport = 4983000 – 25000 – 1497500 – 993400 – 1993100

La répartition secondaire des charges
Il faut commencer par déterminer les charges totales de l'entretien (X) et de transport (Y):
Pour l'entretien, X = 25000 + 6,25%Y   (1)
Pour le transport, Y= 474000 + 20%X   (2)
Il faut donc résoudre ce système d'équation pour trouver les vaeurs de X et Y
Remplaçons X par sa valeur dans (2) :
Y= 474000 + 20% (25000 + 6,25%Y) = 474000 + 5000+ 0,0125Y
Soit 0,9875 Y =479000 et Y=485063,29
Remplaçons Y par sa valeur dans (1) : X=55316,46

Exercice 3

Le tableau de répartition de société anonyme COFITEX pour le mois de décembre N se présente comme suit après répartition :

	Administration	Entretien	Approv.	Atelier 1	Atelier 2	Distribution
Totaux de la répartition 1ère	55 500	33 000	37 000	217 500	43 900	112 500
Administration	?	20%	10%	50%	10%	10%
Entretien	10%	?	20%	40%	20%	10%
Totaux de la répartition 2ère	?	?	?	?	?	?
Nature de l'U.O.			Unité achetée	H MOD	H MOD	100dh de ventes
Nombre d'U.O			?	?	?	?
Coût de l'U.O.			?	?	?	?

Par ailleurs, vous disposez des informations suivantes :
- Achats du mois : 13000 unités pour 19 531 DH
- Ventes du mois : Produit A 10800 unités à 70 DH l'unité.
  Produit B 1600 unités à 152,50 DH l'unité.
- Main d'œuvre directe du mois : Atelier 1. 10 000 h pour 147 490 DH
  Atelier 2. 900 h pour 48 070 DH.

Travail à faire : *Compléter le tableau de répartition des charges indirectes.*

Corrigé 3

	Administration	Entretien	Approv.	Atelier 1	Atelier 2	Distribution
Totaux de la répartition 1ère	55 500	33 000	37 000	217 500	43 900	112 500
Administration	-60000	12 000	6 000	30 000	6 000	6 000
Entretien	4 500	-45000	9 000	18 000	9 000	4 500
Totaux de la répartition 2ère	0	0	52 000	265 500	58 900	123 000
Nature de l'U.O.			Unité achetée	H MOD	H MOD	100dh de ventes
Nombre d'U.O			13 000	10 000	900	10 000
Coût de l'U.O.			4,00	26,55	65,44	12,30

La répartition secondaire des charges : Il faut commencer par déterminer les charges totales d'administration (X) et d'entretien (Y):
Pour l'administration, $X = 55\,500 + 10\%Y$ (1)
Pour l'entretien, $Y = 33000 + 20\%X$ (2)

Il faut donc résoudre ce système d'équation pour trouver les vaeurs de X et Y
Remplaçons X par sa valeur dans (2) :
$Y = 33000 + 20\% (55\,500 + 10\%Y)$
$\quad = 33000 + 11100 + 0,02Y$
Soit $0,98\,Y = 44100$ et $\boxed{Y = 45000}$
Remplaçons Y par sa valeur dans (1) : $\boxed{X = 60000}$

Exercice 4

L'entreprise MILPA vous communique les renseignements suivants pour le mois de juin :

-Centres auxiliaires : gestion de personnel, gestion des bâtiments, prestations connexes.

-Centres principaux : Atelier A, Atelier B, Atelier C

-Consommation de matières premières : Atelier A :12650, Atelier B :17070, Atelier C :17992

-Consommation de matières consommables :

- gestion de personnel = 7014, gestion des bâtiments = 6153, prestations connexes = 9452
- Atelier A : 8510, Atelier B : 12750, Atelier C : 13294

-Main d'Ouvre Directe (MOD) :

- gestion de personnel = 6956, gestion des bâtiments = 6065, prestations connexes = 6854
- Atelier A : 10300, Atelier B : 17600, Atelier C : 13600

-Charges diverses :

- gestion de personnel = 21847, gestion des bâtiments = 22082, prestations connexes = 8598
- Atelier A : 33650, Atelier B : 33470, Atelier C : 28670

-Amortissements : prestations connexes = 6029, Atelier A : 6640, Atelier B : 8621, Atelier C : 6821

-la gestion de personnel est répartie à raison de 10% pour les bâtiments, 10% pour les prestations connexes et le reste entre les trois ateliers proportionnellement à la main d'œuvre directe de chacun d'eux.

-la gestion des bâtiments est répartie à raison de 30% l'atelier A, 40% pour l'atelier B et 30% pour l'atelier C.

- les prestations connexes sont réparties à raison de 20% pour la gestion de personnel, 40% l'atelier A, 15% pour l'atelier B et 25% pour l'atelier C.

-les unités d'œuvre sont de : la quantité en kg de matières premières achetées pour l'atelier A, le nombre d'heures de MOD pour l'atelier B, 14000 unités de produits finis pour l'atelier C

Travail à faire : *Présentez le tableau de répartition des charges indirectes. Calculez le coût de chaque centre ainsi que le coût de l'unité d'ouvre pour chaque centre principal*

Corrigé 4

Charges indirectes	Montant	Centres auxiliaires			Centres principaux		
		Gestion de personnel	Gestion des bâtiments	Prestations connexes	Atelier A	Atelier B	Atelier C
Matière première	47712				12650	17070	17992
Matières consommables	57173	7014	6153	9452	8510	12750	13294
Main d'œuvre indirecte	61375	6956	6065	6854	10300	17600	13600
Charges diverses	148317	21847	22082	8598	33650	33470	28670
Amortissements	28111			6029	6640	8621	6821
Totaux primaires	342688	35817	34300	30933	71750	89511	80377
Répartition secondaire							
Gestion du personnel		-	4286,08	4286,08	8510,20	14541,70	11236,76
Gestion des bâtiments		42860,82	-	-35219,08	11575,82	15434,44	11575,82
Prestations connexes		7043,82	38856,08		14087,63	5282,86	8804,77
Totaux secondaires	342688	0	0	0	105923,65	124770	111994,35
Unité d'œuvre					kg	h	unités
Nombre d'unité d'ouvre					12650	17600	14000
Coût de l'unité d'ouvre					8,3734	7,0892	7,9995

Les charges totales de gestion du personnel (X) et de prestation connexes (Y) sont:

Pour la gestion du personnel, X = 35817+ 20%Y

Pour les prestation connexes, Y= 30933 + 10%X

Il faut donc résoudre ce système d'équation pour trouver les vaeurs de X et Y

X =42860,82

Y=35219,08

=124770/17600= 7,0892

Exercice 5

Durant le mois de mars, une entreprise a fabriqué des chaises à base de bois et cuir. Le total des chaises fabriquées est de 800. La production d'une chaise se fait dans l'atelier de cuir et de menuiserie avant l'atelier de montage.

Les autres renseignements sont :

Stock en début du mois
-bois 90 m^3 : valeur 540000 dh ;
-cuir 150 m^2 : valeur 126000 dh ;
-nombre de chaises 450 : valeur 495000 dh ;

Achats du mois
-bois 40 m^3 : valeur 240000 dh
-cuir 300 m^2 : valeur 270000 dh

Pour la fabrication d'une chaise, on a besoin de :

Bois	$0,15\,m^3$
Cuir	$0,5\ m^2$
Accessoires	6 dh
MOD	
-Atelier de menuiserie	5 min
-Atelier de cuir	6 min
-Atelier de montage	12 min

Le taux horaire de la MOD dans les ateliers est de 30 dh

Tableau de répartition des charges indirectes

Charges indirectes	Montant	Centres auxiliaires			Centres principaux		
		Entretien	Administration	Financement	Approvisionnement	Production	Distribution
Fournitures consommables	12000	25%	10%		20%	40%	5%
Autres services externes	60000	30%	10%	20%	10%	10%	20%
Impôts et taxes	52000			40%	20%		40%
Charges de personnel	180000	10%	30%	15%	10%	20%	15%
Autres charges d'exploitation	16000		30%	50%			20%
Charges financières	18000			100%			
Dotation aux amortissements			10%	15%	10%	60%	5%
Charges supplétives				100%			
Totaux primaires							
Répartition secondaire Entretien			10%	20%	10%	20%	40%
Administration				10%	20%	30%	40%
Financement			5%		15%	50%	30%
Totaux secondaires							
Unité d'œuvre / Taux de frais					100 dh d'achat	H MOD montage	Chaise vendue

Les charges supplétives sont constituées de la rémunération du capital de l'entreprise au taux de 6% l'an. Capital investi = 2600000 dh.

La dotation annuelle d'exploitation aux amortissements est de 480000 dh

La dotation annuelle d'exploitation aux amortissements est de 480000 dh

Ventes du mois de mars : 1100 à 1650 dh l'une

Travail à faire :
1) établir le tableau de répartition des charges indirectes
2) déterminer le coût d'achat du bois et du cuir
3) déterminer le coût de production des chaises fabriquées
4) déterminer le coût de revient
5) déterminer le résultat
Notons que la valorisation de sortie se fait avec la méthode CMUP de la période

Corrigé 5

1) Tableau de répartition des charges indirectes

Charges indirectes	Montant	Centres auxiliaires			Centres principaux		
		Entretien	Administration	Financement	Approvisionnement	Production	Distribution
Fournitures	12000	3000	1200		2400	4800	600
consommables	6000	18000	6000	12000	6000	6000	12000
Autres services	52000			20800	10400		20800
externes	180000	18000	54000	27000	18000	36000	27000
Impôts et taxes	16000		4800	8000			3200
Charges de	18000			18000			
personnel	40000		4000	6000	4000	24000	2000
Autres charges d'exploitation	13000			13000			
Charges financières							
Dotation aux amortissements							
Charges supplétives							
Totaux primaires	391000	39000	70000	104800	40800	70800	65600
Répartition secondaire		-39000	3900	7800	3900	7800	15600
Entretien			-79929	7993	15986	23979	31972
Administration Financement			6029	-120593	18089	60296	36178
Totaux secondaires	391000	0	0	0	78775	162875	149350
Unité d'œuvre / Taux de frais					100 dh d'achat	h MOD de montage	Chaise vendue
Nombre d'UO Coût d'UO/taux de frais					5100 15,45	160 1017,97	1100 135,77

Calculs :

-Dotations aux amortissements : pour une année 480000 dh pour un mois 40000 dh

-Charges supplétives : (260000 x 6%)/12 =13000 dh

-Prestation croisée entre administration (X) et financement (Y)

X=73900 + 5% Y

Y=112600 + 10% X

La résolution nous donne : X=79929 et Y=120593

-Nombre d'UO ou taux de frais:

- Approvisionnement :

100 dh d'achat de bois et de cuir

Total des charges indirectes : 78775

Achat bois 40 m^3 + achat cuir 300 m^2 = 240000 + 270000 = 510000

Nombre d'UO : 510000/100 = 5100

Taux de frais = 78775 / 5100 = 15,446

- Production :

Unité d'œuvre = heures MOD de montage

Nombre d'UO = 800 x 12 min = 9600 min = 160 h

Coût d'UO =162875/160 = 1017,97

- Distribution :

Unité d'œuvre = chaise vendue

Nombre d'UO = nombre de chaises vendues soit 1100

Coût d'UO = 149350/1100= 135,77

2) Détermination des coûts d'achat

Bois	Qté	CU	Valeur (dh)
Achat du moi du mars	40		240000
Charges indirectes d'approvisionnement	2400	15,45	37080
Coût d'achat	40		277080

Cuir	Qté	CU	Valeur (dh)
Achat du moi du mars	300		270000
Charges indirectes d'approvisionnement	2700	15,45	41715
Coût d'achat	300		311715

3) Détermination du coût de production

a) Compte de stock du bois

	m3	PU(dh)	Valeur (dh)
Stock initial	90	6000	540000
Achat	40		277080
Total	130	6285,23	817080
Sortie	0,15 x 800=120	**6285,23**	754227,6
Stock final	10	6285,23	62852,40

CUMP fin de période =817070 ,40/130 = 6285,156
Quantité sortie de bois = $0,15\,m^3$ x 800 = $120\,m^3$

b) Compte de stock du cuir

	m2	PU (dh)	Valeur (dh)
Stock initial	150	840	126000
Achat	300		311715
Total	450	972,70	437715
Sortie	800 x 0,5=400	**972,70**	389080
Stock final	50	972,676	48635

CUMP fin de période = 437704,20/450= 972,676
Quantité sortie de cuir = 0,5 m^2 x 800 = 400 m^2

c) Coût de production

Bois	120	6285,23	754227,6
Cuir	400	972,70	389080
Accessoires	800	6	4800
MOD			
-Atelier de menuiserie	66 h 40 min	30	2000
-Atelier de cuir	80 h	30	2400
-Atelier de montage finition	160 h	30	4800
Charges indirectes de production	160 h	1017,97	162875,2
Coût de production	**800**	**1650,20**	**1320182,8**

Calculs

MOD		
-Atelier de menuiserie	5 min x 800	66 h 40 min
-Atelier de cuir	6 min x 800	80 h
-Atelier de montage finition	12 min x 800	160 h

d) Compte de stock de chaises

	quantité	Prix unitaire	Total
Stock initial	450	1100	495000
Production	800	1650,20	1320182,8
Total	1250	1452,13	1815182,8
Sorties	1100	1452,15	1597365
Stock	150	1452,15	217817,8

CUMP fin de période =1815162,83/1250 = 1452,13

4) Coût de revient des chaises vendues

Coût de production des chaises vendues	1100	1452,15	1597365
Coût du centre Distribution	1100	135,77	149350
Coût de revient	1100	1587,92	1746715

5) Résultat analytique

	Qté	PU	Total
Prix de vente	1100	1650	1815000
Coût de revient	1100	1587,92	1746715
résultat	1100	62,07	68285

Exercice 6

L'entreprise JAM fabrique notamment de la confiture de fraise biologique qu'elle commercialise sous deux conditionnements : bocaux de 500 g et bocaux de 1 kg

Les fraises sont préparées et cuites dans l'atelier cuisson avant de passer dans l'atelier conditionnement

Trois matières premières (MP) sont utilisées : fraises, sucres et pectine

Le tableau de répartition des charges indirectes du mois du mai se présente ainsi :

	administration	Entretien	énergie	approvisionnement	cuisson	conditionnement	distribution
répartition primaire	73200	36180	85627	24468	192599	36495	23802
Administration		10%	10%	20%	15%	15%	30%
Entretien			5%	20%	35%	25%	15%
Energie		10%		10%	60%	20%	
Unités d'ouvre				1 tonne MP achetée	1 kg confiture obtenu	1 kg confiture obtenu	1 tonne confiture vendue

Travail à faire : A l'aide des renseignements fournis en annexe pour le mois de mai :
1) présenter le tableau de répartition des charges indirectes en faisant ressortir les coûts d'unité d'ouvre. Donner les calculs justificatifs des prestations réciproques
2) présenter sous forme de tableau :
-le coût d'achat des matières premières
-les coûts de production des bocaux de 1 kg et 500g remplis
-le coût de revient et le résultat analytique des bocaux de 1 kg et 500g remplis

Annexe

Le coût de production est composé du coût de cuisson et du coût de conditionnement.

Pour les stocks, la méthode requise est celle du CMUP de la période

Stocks au premier mai
- Fraise : 5,86 tonnes à 4000 dh/t
- Sucre : 124522 kg pour une valeur de 454510,52 dh
- Pectine : 8,125 tonnes à 1600 dh/t
- Bocaux vides de 500 g : 248512 unités à 0,46 dh par unités
- Bocaux vides de 1 kg : 112204 unités à 0,52 dh par unités
- Bocaux pleins de 500 g : 60300 unités pour une valeur de 278522 dh
- Bocaux pleins de 1 kg : 24280 unités pour une valeur de 203992 dh
- Emballages perdus : 32077 dh (cartons d'expédition)

Achats du mois de mai
- Fraise :
  Le 3 mai 60 tonnes, soit 230026 dh
  Le 27 mai 50 tonnes, soit 181420 dh
- Sucre : 80 tonnes : soit 269080 dh

Consommation de matières premières (MP) en mai
- Fraise :
  Le 4 mai : 49, 32 tonnes
  Le 28 mai : 30,54 tonnes
- Sucre : 620 g de sucre par kg de confiture obtenu
- Pectine :
  25 g par bocal de 500 g obtenu
  50 g par bocal de1 kg obtenu

Fabrication du mois de mai (bocaux conditionnés)
- 169480 bocaux de 500 g
- 48360 bocaux de 1 kg

Ventes du mois de mai
- 102470 bocaux de 500 g à 7,60 dh
- 38300 bocaux de 1 kg à 11,20 dh

Autres renseignements

- Charges directes d' approvisionnement des fraises : 3503 dh
- MOD de production : 181654, 68 dh
  Dont bocaux de 500 g : 134126,47 dh
  Dont bocaux de 1 kg : 47528,21 dh
- Emballages consommés (cartons d'expédition) : 14077
  Dont bocaux de 500g : 10247 dh
  Dont bocaux de 1 kg : 3830 dh

Corrigé 6

1) Tableau de répartition des charges indirectes

Soit x le montant des charges du centre entretien et y celui du centre énergie, on obtient les deux équations suivantes :

$$x = 43500 + 0,1\ y$$
$$y = 92947 + 0,05\ x$$

En résolvant, on obtient : x = 53060 et y = 95600

	administration	entretien	énergie	approvisionnement	cuisson	conditionnement	distribution
répartition primaire	73200	36180	85627	24468	192599	36495	23802
administration	-73200	7320	7320	14640	10980	10980	21960
Entretien		-53060	2653	10612	18571	13265	7959
Energie		9560	-95600	9560	57360	19120	
Répartition secondaire	0	0	0	59280	279510	79860	53721
Unités d'ouvre				1 tonne MP achetée	1 kg confiture obtenue	1 kg confiture obtenue	1 tonne confiture vendue
Nombre UO				190	133100	133100	89,535
Coût UO				312	2,1	0,6	600

MP achetée = 60+50+80 = 190 tonnes
Confiture obtenu : 169480 bocaux de 500 g (soit 169480/2 kg) + 48360 bocaux de 1 kg = 133100 kg
Confiture vendue 102470 bocaux de 500 g (102470/2 kg) + 38300 bocaux de 1 kg =89535 kg =89,535 t

2.a) Coût d'achat

	Fraises	sucre
Matières achetées	411446	269080
Charges directes	3503	
Charges indirectes		
110 x 312	34320	
80 x 312		24960
Coût d'achat	**449269**	**294040**

Achat fraise = (230026 + 181420) =411446

2.b) Inventaires permanents

Fraises	Quantité (kg)	Prix unitaire	Montant
Stock initial	5860		23440
Achats	110000		449269
Total	115860	4,08	472709
Sorties	79860	4,08	325828,8
Stock final	36000	4,08	146880
Total	115806		472709

CMUP = 472709 / 115,86 = 4080
Sorties (consommation par la production) = 49,32 t + 30,54 t = 79,86 t = 79860 kg

Sucre	Quantité (kg)	Prix unitaire	Montant
Stock initial	124522		454510,52
Achats	80000		294040
Total	204522	3,66	748550,52
Sorties	82522	3,66	302030,52
Stock final	122000	3,66	446520
Total	204522		748550,52

CMUP =748550,52 / 204522 = 3,66
Sorties = 620 g x kg de confiture obtenue = 620 g x 133100 = 0,62 x 133100 = 82522

Pectine	Quantité (kg)	Prix unitaire	Montant
Stock initial	8125		13000
Achats	0		0
Total	8125	1,6	13000
Sorties	6655	1,6	10648
Stock final	1470	1,6	2352
Total	8125		13000

CMUP =13000/8125 = 1,6

Sorties = 25 g par bocal de 500 g obtenu et 50 g par bocal de1 kg obtenu (avec 169480 bocaux de 500 g fabriqués et 48360 bocaux de 1 kg) = (0,025 kg x 169480) +(0,05 kg x 48360)= 6655

Bocaux de 500 g	Quantité (unité)	Prix unitaire	Montant
Stock initial	248512	0,46	114315,52
Achats	0		0
Total	248512	0,46	114315,52
Sorties	169480	0,46	77960,8
Stock final	79032	0,46	36354,72
Total	248512		114315,52

CMUP = 114315,52/ 248512 =0,46

Bocaux de 1 kg	Quantité (unité)	Prix unitaire	Montant
Stock initial	112204	0,52	58346,08
Achats	0		0
Total	112204	0,52	58346,08
Sorties	48360	0,52	25147,2
Stock final	63844	0,52	33198 ,88
Total	112204		58346,08

CMUP =0,52

2.c) Coût de production

	Bocaux de 500 g	Bocaux de 1 kg
Fraises consommées		
169480 x 0,5 x 0,6 x 4,08	207443,52	
48360 x 0,6 x 4,08		118385,28
Sucre consommé		
169480 x 0,5 x 0,62 x 3,66	192292,01	
48360 x 0,62 x 3,66		109738,51
Pectine consommée		
169480 x 0,5 x 0,05 x 1,6	6779,2	
48360 x 0,05 x 1,6		3868,8
Bocaux		
169480 x 0,46	77960,8	
48360 x 0,52		25147,2
Charges directes (MOD)	134126,47	47528,21
Charges indirectes		
169480 x 0,5 x (2,1+ 0,6)	228798	
48360 x (2,1 + 0,6)		130572
Total	847400	435240
A l'unité	847400/ 169480 = 5	435240/48360 = 9

Il faut 79860 kg de fraises pour réaliser 133100 kg de confiture, soit un rapport de 0,6 ; 82522 kg de sucre pour 133100 kg de confiture (0,62) et 6655 kg de pectine pour 133100 de confiture (0,05).

2.d) Inventaires permanents

Bocaux de 500 g	Quantité	Prix unitaire	Montant
Stock initial	60300		278522
Achats	169480	5	847400
Total	229780	4,9	1125922
Sorties	102470	4,9	502103
Stock final	127310	4,9	623819
Total	229780		1125922

CMUP = 1125922 / 229780 = 4,9

Bocaux de 1 kg	Quantité	Prix unitaire	Montant
Stock initial	24280		203992
Achats	48360	9	435240
Total	**72640**	**8,8**	**639232**
Sorties	38300	8,8	337040
Stock final	34340	8,8	302192
Total	**72640**		**639232**

CMUP = 639232/72640 = 8,8

2.e) Coût de revient

	Bocaux de 500 g	Bocaux de 1 kg
Coût de production des produits vendus	502103	337040
charges indirectes de distribution		
102,47 x 0,5 x 600	30741	
38,3 x 600		22980
Coût des emballages (expédition)	10247	3830
Total	543091	363850
L'unité	543091/102470 =5,3	363850/38300=9,5

2.f) résultat analytique

	Bocaux de 500 g	Bocaux de 1 kg
Prix de vente	778772	428960
Coût de revient	543091	363850
Différence	235681	65110
L'unité	2,3	1,7

Exercice 7

-L'entreprise P'TIT LOU utilise pour la confection des chemisiers :
- Du tissu
- Des boutons
- De la dentelle

-Un chemisier comprend :
- 0,80 m2 de tissu
- 4 boutons
- 0,30 m de dentelle

-La dentelle se présente par bonde de 25 m
-Les boutons sont vendus par boite de 100
-Le tissu est livré par rouleaux de 100 m2

-La pose de la dentelle et des boutons est assurée par le centre assemblage finition

Stocks initiaux
- 1200 chemisiers ; prix total 49800 dh
- 10 rouleaux à 17,80 dh le m2
- 50 bondes de dentelle à 98 dh la bonde
- 80 boite de boutons à 19,20 dh la boite
- Encours de confection : 32400 dh
-

Les achats
- 72 rouleaux à 12,5 dh le m2
- 100 bondes de dentelle à 100 dh la bonde
- 300 boites de boutons à 20 dh la boite

Productions : 8500 chemisiers

Charges directes
- Coupe : 400 h de MOD à 48 dh de l'heure
- Assemblage : 900 h de MOD à 52 dh de l'heure
- Distribution : 220 h de MOD à 65 dh de l'heure

Encours de confection au 30 juin : 20250 dh

Les ventes : 6350 chemisiers à 62 dh pièce

Données au 30 juin
-A cette date, l'entreprise a effectué l'inventaire physique des stocks, il possède :
- 14 rouleaux de tissus
- 39 boites de boutons
- 3320 chemisiers
- 47 bondes de dentelles
- 20250 dh d'encours final

-D'autre part les charges indirectes ont été calculées en tenant compte des éléments suivants :
- Charges supplétives : 4000 dh
- Dotations aux amortissements non incorporables : 2200 dh
- Charges exceptionnelles 1300 dh

Travail à faire :
1) calculez par la méthode des coûts complets : le coût de production, de distribution et de revient des chemisiers pour le mois de juin
La méthode de valorisation des sorties de stocks est celle du coût unitaire moyen pondéré fin de période

Annexe : *Tableau de répartition des charges indirectes*

	Approvisionnement	Coupe	Assemblage finition	Distribution
Totaux secondaires	51586,80	74029,70	63178,40	54005,10
Unité d'œuvre Nombre d'unité d'ouvre Coût de l'unité d'ouvre	m2 de tissu acheté 7200 7,16	pièces coupées 34000 2,18	Chemisiers montés 8500 7,43	100 dh CA HT 3937 13,72

2) calculer le résultat analytique des chemisiers
3) déterminer le résultat de la comptabilité générale
4) procéder au rapprochement de la CA et de la CG pour vérifier la concordance des résultats

Corrigé 7

1. Calcul des coûts :

a) coût d'achat du tissu

	Quantité	unité	total
Achats	72 x 100	12,5	90000
Approvisionnement	7200	7,16	51552
	7200 m2	19,66	141552

b) inventaire permanant du tissu

	Quantité en m2	Prix unitaire	Total
Stock initial	10 x 100	17,80	17800
Achats	7200	19,66	141552
Total	8200	19,43	159352
Sorties	6800	**19,43**	132124
Stock	1400	19,43	27202

CUMP fin de période = 159352/8200 = 19,43 dh
Quantité sortie = 8500 x 0,80 m2 = 6800 m2

c) inventaire permanant des boutons

	quantité	Prix unitaire	Total
Stock initial	80	19,20	1536
achats	300	20	6000
Total	380	19 ,83	7536
Sorties	340	**19,83**	6742,20
Stock	40	19,83	793,20

CUMP fin de période = 7536/380 = 19,83 dh
Quantité sortie = 4 x 8500 = 34000 boutons soit 340 boites de 100

d) inventaire permanant de la dentelle

	quantité	Prix unitaire	Total
Stock initial	50	98	4900
achats	100	100	10000
Total	150	99,33	14900
Sorties	102	**99,33**	10131,66
Stock	48	99,33	4767,84

CUMP fin de période = 14900/150=99,33 dh
Quantité sortie = 0,30 * 8500= 2550 mètres soit 102 bandes de 25 m.

e) coût de production des chemisiers

Eléments	Quantité	unité	total
Sortie de tissu	6800	19,43	132124
MOD coupe	400	48	19200
Charges indirectes coupe	34000	2,18	74120
Sorties boutons	340	19,83	6742,20
Sortie dentelle	102	99,33	10131,66
MOD assemblage	900	52	46800
Assemblage finition	8500	7,43	63155
			352272 ,86
+ Encours initial			32400
- Encours final			20250
Coût de production	8500 chemisiers		364422 ,86

f) inventaire permanant des chemisiers

	quantité	Prix unitaire	Total
Stock initial	1200	41,50	49800
Entrées de production	8500		364422,86
Total	9700	42,70	414222 ,86
Sorties	6350	**42,70**	271145
Stock	3350	42,70	143045

CUMP fin de période =414222 ,86 /9700 =42,70

g) coût de revient des chemisiers

Eléments	Quantité	unité	total
Sortie des chemisiers	6350		271145
MOD	220	65	14300
Charges indirectes de distribution	3937	13,72	54015,64
Coût de revient	6350		339460,64

2) Résultat analytique des chemisiers

Eléments	Quantité	unité	total
Vente Coût de revient	6350 6350	**62**	393700 339460,64
Résultat (bénéfice)	6350 chemisiers	**8,54**	54239,36

3) résultat de la comptabilité générale

Achat matières premières Variation de stock de tissu Variation de stock de boutons Variation de stock de dentelle Charges directes Charges indirectes Charges exceptionnelles	106000 -9402 +762,63 +231,49 80300 241000 1300	Ventes Variation de stock de produits finis Variation de stock des encours	393700 +91964 -12150
Total des charges Bénéfices	420192,12 53321,88	Total des produits	473514

Variation de stock de tissu : 17800 - 27202 = -9402
Variation de stock de boutons : 1536 – (39 x 19,83) = +762,63
Variation de stock de dentelle : 4900 – (47 x 99,33) = +231,49
Variation de stock de produits finis : (3320 x 42,70) - 49800 = +91964
Variation de stock des encours : 20250 - 32400 = -12150
Charges indirectes : 242800 – 4000 + 2200 = 241000

4) rapprochement de résultat de la comptabilité analytique et de la comptabilité générale

	+	-
Résultat de la comptabilité analytique	54239,36	
Charges supplétives	4000	
Dotations non incorporables		2200
Charges exceptionnelles		1300
Différence d'inventaire		
• Boutons : 1 x 19,83		19,83
• Dentelle : 1 x 99,33		99,33
• Chemisiers : 30 x 42,70		1281
Différences sur coûts		17,32
Résultat de la comptabilité générale = 53321,88	58239,36	4917,48

Exercice 8

Soit un centre d'analyse de production dont les frais fixes s'élèvent à 100.
Le prix de vente du produit généré par ce centre est de 300
Les heures de travail correspondant à l'activité normale sont estimées à 100 heures

Travail à faire :
Sous les deux hypothèses d'activité réelle :
-H1 : pour 80 h, les frais variables de centre s'élèvent à 120
-H2 : pour 110 h, les frais variables de centre s'élèvent à 165

1) déterminer le résultat analytique par la méthode de coûts complets
2) déterminer le résultat analytique par la méthode de l'imputation rationnelle

Corrigé 8

1) résultat analytique par la méthode de coûts complets (CC)

H1 : Résultat analytique (CC) = 300 − (120 + 100) = 80

H2 : Résultat analytique (CC) = 300 − (165 + 100) = 35

2) résultat analytique par la méthode de l'imputation rationnelle (IR)

H1 : CIR = 80/100 = 0,8 ; le montant des charges fixes à imputer est 0,8 x 100 = 80

Résultat analytique (IR) = 300 − (120 + 80) = 100

Pour retrouver le résultat analytique (CC), il faut tenir compte de la différence d'imputation :

Différence d'imputation (DI) = Charges fixes de la période - Charges fixes imputées =100 − 80 =20 > 0 ce qui représente un coût de sous acticité ou un coût de chômage

Résultat analytique (CC) = Résultat analytique (IR) −DI = 100 − 20 = 80

H2 : CIR = 110/100 = 1,1 ; le montant des charges fixes à imputer est 1,1 x 100 = 110

Résultat analytique (IR) = 300 − (165 + 110) = 25

Pour retrouver le résultat analytique (CC), il faut tenir compte de la différence d'imputation :

Différence d'imputation = Charges fixes de la période - Charges fixes imputées =100 − 110 =-10 < 0 ce qui représente un boni de suractivité

Résultat analytique (CC) = Résultat analytique (IR) − DI = 25 +10 = 35

En définitive, la méthode de l'imputation rationnelle des charges fixes ne modifie pas le montant réel des charges fixes mais uniquement le montant imputé aux coûts.

Exercice 9

Une entreprise sans stock initial travail sur une commande en transformant une matière première.

Elle a acheté 100 tonnes de matière première au prix unitaire 1000 dh

Les charges directes du premier mois sont :
-la force motrice des ateliers : 5000 dh
-la MOD de production : 20000 dh pour 400 h MOD

Les charges indirectes sont réparties entre les centres d'analyse comme suit :

	Administration	Achats	Production	Ventes
Totaux	10000	5000	50000	20000
Charges fixes	10000	2000	40000	10000
Charges variables	0	3000	10000	10000
UO	-	1 tonne achetée	h MOD	100 dh de CA
CIR	1	1	0,9	1,2
Répartition administration	-	10%	60%	30%

Au cours du premier mois, les ateliers ont travaillé sur les commandes suivantes :

	Commande 1	Commande 2
Matière première utilisée	70 tonnes	20 tones
MOD	300 h	100 h
Force motrice	3000 dh	2000 dh
Avancement des commandes	Terminé et livré	En cours
Facturation	160000 dh	Non facturée

Travail à faire : *Déterminer les différents coûts et le résultat sur la commande 1 en utilisant la méthode de l'imputation rationnelle*

Corrigé 9

Tableau de répartition des charges

	Administration		achat		production		Distribution	
	Fixes	Variables	Fixes	Variables	Fixes	Variables	Fixes	Variables
Rep Primaire	10000		2000	3000	40000	10000	10000	10000
CIR	1		1		0,9		1,2	
IR	10000		2000		36000		12000	
Différence IR					***4000***		***-2000***	
Total avec IR	10000		5000		46000		22000	
Administration	-10000		1000		6000		3000	
Rep secondaire			6000		52000		25000	
UO			1 tonne achetée		h MOD		100 dh de CA	
NUO			100		400		1600	
CUO			60		130		15,625	

Coût de production

	quantité	Prix unitaire	total
Matières premières	70	1000	70000
MOD	300		15000
Force motrice			3000
Total charges directes			78000
Frais sur achats	70	60	4200
Frais de production	300	130	39000
Total charges indirectes			43200
Coût de production			131200

Coût de revient

Coût de production	131200
Charges indirectes de ventes	15,625 x 1600 = 25000
Coût de revient	156200

On inclut la totalité des charges indirectes de ventes car la commande 2 n'est pas encore terminée.

Résultat analytique

prix de ventes	160000
Coût de revient	156200
résultat	3800

Exercice 10

Soit pour une entreprise commerciale :
-taux de marge sur coût d'achat (Taux MCA) = 30%
-coût variable de distribution (CVD) = 20% de CA
-coût fixe (CF)= 50 000

Remarque: la **marge** est la différence entre le prix de vente et un coût partiel ; on obtient de multiples marges qui se définissent par référence au coût partiel qui a permis leur calcul. *Exemple :* par rapport à un coût d'achat, à un coût variable, à un coût direct nous obtiendrons respectivement, marge sur coût d'achat, marge sur coût variable, marge sur coût direct.

Travail à faire
1) déterminer le montant des ventes correspondant au seuil de rentabilité
2) le coût fixe diminue de 10000, quelle est la variation correspondante du seuil de rentabilité
3) le coût variable baisse de 10% (par rapport au chiffre d'affaire) quel est le montant des ventes permettant de réaliser un bénéfice de 8000 ?
4) on suppose que les ventes augmentent :
  - *H1 : CA = 800000 alors CF= 90000*
  - *H2 : CA = 1000000 alors CF= 120000*
4.a) déterminer les résultats obtenus pour ces niveaux de ventes
4.b) quelle est la nouvelle valeur du coût d'achat permettant d'obtenir un résultat nul pour ces niveaux de ventes

Corrigé 10

1) montant des ventes correspondant au seuil de rentabilité
MCHA = CA – coût d'achat
Soit : Coût d'achat = CA – MHA = 100% - 30% = 70% CA

Coût variable= Coût (variable) d'achat + coût variable de distribution
=70%+20% = 90% CA
Soit : Taux MCV = 100% - 90% = 10%

D'où : SR = CF / Taux MCV = 50000/10% = 500000

2) variation correspondante du seuil de rentabilité pour une diminution de 10000 des CF
SR = CF / Taux MCV soit SR = 40000/10% = 400000

3) le montant des ventes permettant de réaliser un bénéfice de 8000 en cas de baisse du coût variable de 10% par rapport au chiffre d'affaire
Le coût variable passe de 90% CA à 80% CA
D'où : Taux MCV = 20%
Avec : MCV – CF = 8000 soit MCV = 58000
On aura CA = 58000 / 20% = 290000

4.a) résultats obtenus pour H1 :
MCV = 10% CA =10% x 800000 = 80000
D'où : Résultat = MCV – CF = 80000 – 90000 = -10000

4.a) résultats obtenus pour H2 :
MCV = 10% CA =10% x 1000000 = 100000
D'où : Résultat = MCV – CF = 100000 – 120000 = -20000

4.b) valeur du coût d'achat permettant d'obtenir un résultat nul pour H1
Avec un résultat nul, le CA est le seuil de rentabilité, donc CA = SR = 800000
Et CF = MCV = 90000 soit en pourcentage de CA : Taux MCV = 90000/800000 = 11,25%

Taux MCA = 11,25% + 20% = 31,25%
Donc : coût d'achat = CA (en pourcentage) – 31,25 %= 100% – 31,25% = 68,75% CA soit une baisse de 1,25% par rapport au CA

4.b) valeur du coût d'achat permettant d'obtenir un résultat nul pour H2

Avec un résultat nul, le CA est le seuil de rentabilité, donc CA = SR = 1000000
Et CF = MCV = 120000 soit en pourcentage de CA : Taux MCV = 120000/1000000 = 12%

Taux MCA = 12% + 20% = 32%
Donc : coût d'achat = CA (en pourcentage) – 32 % = 100% – 32% = 68% CA soit une baisse de 2% par rapport au CA

Exercice 11

A partir des documents comptables d'une entreprise commerciale, on extrait les informations suivantes, et ce au 31/12/N

Nom du compte	Montant
Stock initial de marchandises	31300
Stock final de marchandises	18000
Achats de marchandises	645000
RRR obtenus sur achat de marchandises	32250
Charges variables d'approvisionnement	40300
Charges variables de distribution	67900
Vente de marchandises	1320700
RRR accordés sur ventes	66035
Charges fixes	240000

Travail à faire

1) Etablir le compte de résultat différentiel
2) Déterminer le seuil de rentabilité ainsi que sa date d'obtention en supposant que les ventes du premier trimestre représentent le 1/5 des ventes annuelles et que les ventes sont réparties régulièrement dans les mois des autres trimestres

Corrigé 11

1) compte de résultat différentiel

1) CA net = 1320700 – 66035	1254665
2) Achats net de marchandises = 645000 – 32250	612750
3) Charges variables d'approvisionnement	40300
4) Coût d'achat variable des marchandises achetées (2+3)	653050
5) Variation de stock (SI-SF)	13300
6) Coût d'achat variable des marchandises vendues (4+5)	666350
7) Charges variables de distribution	67900
8) Coût variable (6+7)	734250
9) Marge sur coût variable (1-8)	520415
10) Charges fixes	240000
11) Résultat (9-10)	280415

2) seuil de rentabilité et point mort

- Taux de MCV= MCV / CA = 520415 / 1254665 = 41,48%
- SR = charges fixes / Taux MCV = 240000 / 41,48% = 578592,09
- Le CA du premier trimestre = 1254665 x (1/5) = 250933
- Le CA des trois autres trimestres = 1254665 x (4/5) = 1003732
- Pour les autres trimestres, le CA est régulier de régulier de (1003732 / 9) = 111525,77
- Le SR de 578592,09 sera atteint au deuxième trimestre, soit au bout de : (578592,09 -250933) / 111525,77 = 2,94 mois d'activité du deuxième trimestre. Ce qui correspond au 28 juin

Exercice 12

Soit une entreprise caractérisée par les coûts et les recettes suivantes :

Nombre d'unités produites	Charges variables	Charges fixes	Coût total	Recette totale
10	3,6	2	5,6	6,8
20	8	2	10	13,3
30	13	2	15	19,6
40	19	2	21	25,6
50	24	4	28	31,6
60	31,2	4	35,2	37,4

Travail à faire : *Présenter un tableau faisant apparaître le coût total, le coût total moyen, le coût marginal, la recette totale, la recette totale moyenne, la recette marginale, le profit total et le profit marginal*

Corrigé 12

L'entreprise travaille en série de 10, en conséquence l'unité sera la série de 10

Nombre de séries produites	Charges variables	Charges fixes	Coût total	Coût moyen	Coût marginal
1	3,6	2	5,6	5,6	5,6
2	8	2	10	5	4,4
3	13	2	15	5	5
4	19	2	21	5,3	6
5	24	4	28	5,6	7
6	31,2	4	35,2	5,9	7,2

Nombre de séries produites	Recette totale	Recette moyenne	Recette marginale	Profit total	Profit marginal
1	6,8	6,8	6,8	1,2	1,2
2	13,3	6,7	6,5	3,3	2,1
3	19,6	6,5	6,3	4,6	1,3
4	25,6	6,4	6	4,6	0
5	31,6	6,3	6	3,6	-1
6	37,4	6,2	5,8	2,2	-1,4

Exercice 13

L'entreprise VENTIL fabrique des ventilateurs par série de 100 unités. Le prix de vente unitaire est de 600 dh.
Le coût global pour la producion de 700 ventilateurs est constitué comme suite :
-matière première : 86300 dh
-autres charges opérationnelles de production : 100700 dh
-charges opérationnelles de distribution : 63000 dh
-charges fixes 95400 dh

Quand la production passe à 800 ventilateurs, les charges fixes ne varient pas, mais les charges opérationnelles de production et de distribution augmentent de 15% par rapport à ce qu'elles ont été pour la production de 700 ventilateurs et ce du fait de l'augmentation des heures supplémentaires et de l'entretien des machines.

Quand la production passe à 900 ventilateurs, les charges de structure augmentent de 35% et ce en raison de l'amortissement des machines. Quant aux charges opérationnelles, elles augmentent de façons proportionnelles au montant atteint lors de la production de 700 ventilateurs.

L'augmentation du niveau d'activité entraîne une augmentation des matières premières de 10%

Travail à faire
1) déterminer pour chaque niveau d'activité :
- Le coût de revient total
- Le coût de revient unitaire (coût moyen)
- Coût marginal d'une série additive
- Coût marginal d'une unité additive

2) sachant que l'entreprise reçoit un bon de commande de 200 ventilateurs (en plus de sa production qui est de 700) au prix unitaire de vente égal à 600 dh, est-ce que le responsable de l'entreprise a intérêt à accepter cette commande additive ou la refuser ?

Corrigé 13

1) Coûts

1) Niveaux d'activité	700	800	900
2) Matières premières	86300	94930	103560
3) Autres charges opérationnelles de production	100700	115805	129471,42
4) Charges opérationnelles de distribution	63000	72450	81000
5) Coût variable (2+3+4)	250000	283185	314031,42
6) Charges fixes	95400	95400	128790
7) Coût de revient total (5+6)	345400	378585	442821,42
8) Coût moyen (7/1)	**493,43**	**473,23**	**492,02**
9) Coût marginal d'une série de 100		(378585-345400) = 33185	(442821,42-378585) = 64236,42
10) Coût marginal unitaire		**331,85**	**642,36**

2) la commande additive doit-elle être acceptée ?

Niveaux d'activité	700	800	900
Prix de vente unitaire	600	600	600
Coût moyen (unitaire)	493,43	473,23	492,02
Résultat unitaire	106,57	126,77	107,98
Résultat global	**74599**	**101416**	**97182**
10) Coût marginal unitaire		**331,85**	**642,36**

L'entreprise peut accepter la première commande de 100 ventilateurs, et ce du fait que pour le niveau d'activité de 800 unités, le coût marginal unitaire de 331,85 dh est inférieur au prix de vente de 600 dh. Pour une commande de 100 ventilateurs, l'entreprise peut même réduire son prix de vente, et ce dans la limite du coût marginal unitaire (331,85 dh)

Par contre, pour le niveau d'activité de 900 unités, on a un coût marginal unitaire de 642,36 dh qui est supérieur au prix de vente de 600 dh. Et de ce fait, l'entreprise doit refuser la deuxième commande de 100 ventilateurs.

www.ingramcontent.com/pod-product-compliance
Lightning Source LLC
Chambersburg PA
CBHW072221290526
45794CB00007B/2839